La Signora del Cielo

La Signora del Cielo

ALDIVAN TORRES

Canary Of Joy

CONTENTS

1

La Signora del Cielo
  Aldivan Teixeira Torres
La Signora del Cielo

Autore: Aldivan Teixeira Torres
© 2018-Aldivan Teixeira Torres
Tutti i diritti riservati

Questo Ebook, comprese tutte le sue parti, è protetto da Copyright e non può essere riprodotto senza il permesso dell'autore, rivenduto o trasferito.

Aldivan Teixeira Torres è uno scrittore consolidato in diversi generi. A oggi, i titoli sono stati pubblicati in nove lingue. Fin da piccolo è sempre stato un amante dell'arte della scrittura avendo consolidato una carriera professionale dal secondo semestre del 2013. Con i suoi scritti spera di contribuire alla cultura Pernambuco e brasiliana, risvegliando il piacere della lettura in chi non ne ha ancora l'abito. La sua missione è conquistare il cuore di ciascuno dei suoi lettori. Oltre alla letteratura, i suoi gusti principali sono la musica, i viaggi, gli amici, la famiglia e il piacere di vivere. "Per la letteratura, l'uguaglianza, la fraternità, la giustizia, la dignità e l'onore dell'essere umano sempre" è il suo motto.

Apparve la nostra signora
Nostra Signora di Aparecida
Apparvero i noti miracoli della Madonna
Nostra Signora della Presentazione
Nostra Signora di Lavang
Nostra Signora del Lichene
Nostra Signora di Lourdes
Prima apparizione
Seconda apparizione
Terza apparizione
Quarta apparizione
Quinta apparizione
Sesta apparizione
Settima apparizione
Ottava apparizione
Nona apparizione
Decima apparizione
Undicesima apparizione
Dodicesima apparizione
Tredicesima apparizione
Quattordicesima apparizione
Quindicesima apparizione
Diciassettesima apparizione
Diciottesima apparizione
Nostra Signora del Buon Aiuto
Nostra Signora della Speranza
Nostra Signora di Pellevoisin
La malattia di Estela
Prima apparizione
Seconda apparizione
Terza apparizione
Quarta apparizione

Quinta apparizione
Sesta apparizione
Settima apparizione
Ottava apparizione
Nona apparizione
Decima apparizione
Undicesima apparizione
Dodicesima apparizione
Tredicesima apparizione
Quattordicesima apparizione
Ultima apparizione
Nostra Signora di Knock
Presenze in Cina
Nostra Signora di Qing Yang
Nostra Signora di Sheshan
Apparve la nostra signora
Barcelos-portugal-1702

Era l'agosto del 1702. Il giovane John stava pascolando il suo gregge sul Monte de Castro de Balugães quando scoppiò una tempesta. Cercando rifugio in una grotta in una patella, fu sorpreso dall'apparizione di una bella signora avvolta dalla luce.

"Perché sei sorpreso, John?" La donna ha chiesto.

"Sono terrorizzato perché non ho mai visto un'apparizione", rispose l'ex muto, guarendo all'istante.

"Calmati, giovanotto." Sono la Madonna. Ti chiedo d'inviare un messaggio a tuo padre che voglio la costruzione di una Cappella in questo luogo.

"Lui sta bene. Ti do il messaggio ora - John si preparò.

"Grazie mille." Ha ringraziato Nostra Madre.

Il giovane corse verso casa sua pieno di gioia. Per lui è stato un onore essere stato scelto come portavoce di quel santo tanto caro alla comunità cristiana. Era quindi prudente esaudire il suo desiderio il prima possibile.

Arrivato a casa, ha trovato suo padre che riposava sul divano del soggiorno. Ha colto l'occasione per avviare una conversazione.

"Padre, ho bisogno di parlarti."

"Che cosa? Non eri stupido?

"Sono stato guarito." Riesci a sentirmi?

"Sì, puoi parlare.

"Ho una richiesta da fare: voglio che costruiate una Cappella in onore di Nostra Signora di Aparecida.

"Da dove hai preso questa idea, ragazzo?"

"E 'stato il santo che ha chiesto."

"Santo?" Puoi spiegare meglio questa storia?

"È venuta da me quando ero con il mio gregge al Monte De Castro de Balugães." Era ovvio nella tua richiesta.

"Tu hai bevuto? Dove hai mai visto gli spiriti? Lo so già: hai bevuto, sognato e hai pensato che fosse tutto vero.

"Ma papà!

"Non ci credo. Conversazione terminata!

Il giovane fu rattristato per il resto della giornata. Il giorno dopo, è tornata a pascolare nello stesso posto di prima. Fu allora che la strana Signora apparve di nuovo.

"Come stai, John?" Hai seguito i miei ordini?

"Sì, mia madre. Tuttavia, è stato inutile. Mio padre non credeva alle mie parole.

"Quanto è insensibile da parte sua!" Torna a casa e ribadisci la mia richiesta. Per convincerlo, chiedigli del pane.

"Va bene, signora." Farò come mi chiedi.

Il ragazzo corse di nuovo a casa. In questo momento, la curiosità regnava su ciò che stava per accadere riguarda la sua richiesta, poiché di solito non avevano pane disponibile in questo giorno. Anche così avrebbe obbedito all'ordine del santo.

John era sempre stato un ragazzo tranquillo e normale, ma dopo gli ultimi eventi era diventato inspiegabilmente misterioso e illuminato. Questo cambiamento è stato attribuito alla grande opera di Dio nella sua vita.

Quando tornò a casa, trovò suo padre che riposava nello stesso posto di prima. Poi si avvicinò di nuovo.

"Padre, il santo mi è apparso di nuovo." Richiede ancora una volta la costruzione della sua Cappella.

"Di nuovo questa storia?" Non sei ancora stanco?

"Dato che non le hai creduto, dice: Dammi il pane.

"Pane? Non ne ho con me. Se vuoi le briciole, le ho nel forno.

"Vai a prenderlo per me."

A malincuore, ti sei alzato e sei andato a controllare. Quando aprì il forno, quale fu la sua sorpresa quando lo vide pieno di pane.

"Così dice nostra madre: proprio come ho trasformato le briciole in pane, posso anche convertire il tuo cuore duro."

"Mio Dio e mia madre!" Quanto sono stato sciocco a non credere. Prometto di eseguire urgentemente la richiesta di nostra madre.

"Bene, padre mio." Scrivi al vescovo. Ci aiuterà.

"Buona idea.

Hanno comunicato i fatti alla Diocesi che, attraverso indagini, li ha provati. Il tempio della Vergine Madre fu costruito dove lo stesso ragazzo lavorò come sagrestano fino alla fine dei suoi giorni. Con l'apparizione a Barcelos, la Madonna è diventata la speciale protettrice del popolo portoghese.

Nostra Signora di Aparecida
Aparecida-Brasil-1717

Era la seconda metà di ottobre 1717. Pedro Miguel de Almeida Portogallo e Vasconcelos, conte di Assumar e governatore della Capitaneria di San Paolo e delle miniere d'oro erano in visita a Guaratinguetá. Per onorarli, alcuni gruppi di pescatori hanno lanciato le loro barche nel fiume Paraíba per pescare.

Tra loro, i pescatori Domingos Garcia, John Alves e Filipe Pedroso hanno pregato la Vergine Maria chiedendo l'aiuto divino. Ci furono diversi tentativi di pesca infruttuosi fino a quando, vicino al porto d'Itaguaçu, pescarono l'immagine della Vergine Maria. In tentativi successivi, catturarono così tanto pesce che la nave riuscì a malapena a sopportare il loro peso.

L'immagine è stata custodita per quindici anni nella residenza di Filipe Pedroso da dove ha ricevuto la visita dei fedeli per la preghiera. Ci sono state molte segnalazioni di miracoli, che hanno attirato sempre più persone da tutte le parti del paese. La soluzione fu quella di trasferire l'immagine in un oratorio e successivamente fu costruita una cappella che divenne la basilica di oggi, il quarto tempio mariano più visitato al mondo.

Il 16 luglio 1930, Nostra Signora della Concezione di Aparecida fu proclamata patrona del Brasile da Papa Pio XI. La festa del 12 ottobre è stata ufficializzata dalla legge numero 6802 del 30 giugno 1980. Nostra Signora di Aparecida è la protettrice di tutti i brasiliani.

Apparvero i noti miracoli della Madonna

Miracolo delle candele-1733

Era una notte tranquilla nell'oratorio che ospitava l'immagine del santo. Senza una ragione apparente, le due candele che illuminavano il locale si spensero. Prima che potessero riaccenderli, si sono accesi da soli suscitando grande ammirazione tra i presenti.

Caduta delle catene-1850

Uno schiavo di nome Zacarias, passando vicino alla chiesa dove si trovava l'immagine del santo, chiese al sorvegliante il permesso di entrare nel tempio e pregare la Madonna. Certo, entra nel santuario e si inginocchia davanti all'immagine, pregando con fervore. Prima di terminare la preghiera, miracolosamente le catene che lo legavano si allentano, lasciandolo completamente libero.

Il Cavaliere

Un cavaliere, di passaggio ad Aparecida, molto scettico nei confronti di Dio, si è preso gioco dei pellegrini quando ha visto la loro fede. Volendo dimostrare la sua ipotesi, si ripromise di andare a cavallo nella Chiesa. Prima, tuttavia, di realizzare il suo intento, la zampa del suo cavallo è rimasta incastrata nella pietra della scala della chiesa, abbattendolo. Da allora in poi, si pentì e divenne un devoto della Vergine.

Il cieco

La famiglia Vaz viveva a Jaboticabal ed erano tutti molto devoti a Nostra Signora di Aparecida. Tra i membri della famiglia, la ragazza più giovane era cieca dalla nascita. Aveva una grande fede nella Madonna e il suo sogno più grande era visitare la basilica della santa.

Attraverso l'opera dello Spirito Santo, la famiglia ha realizzato il sogno della ragazza durante il periodo delle vacanze. All'improvviso, quando ha raggiunto i gradini della Chiesa, la ragazza ha esclamato: "Madre, quanto è bella questa Chiesa!" Da questo giorno in poi, ha iniziato a vedere normalmente, aumentando il numero di miracoli attribuiti al santo patrono del Brasile.

Il ragazzo nel fiume

Il figlio e suo padre andarono al fiume a pescare. Questa era un'attività di routine per entrambi con loro già esperienza. Anche così, si è verificato un incidente: a causa della forte corrente, il ragazzo è caduto nel fiume trascinato dalla corrente. Disperato, il padre ha gridato aiuto alla Madonna di Aparecida. Immediatamente, la corrente ha calmato ciò che ha permesso la salvezza del ragazzo attraverso suo padre.

L'uomo e il giaguaro

Un contadino stava tornando a casa dopo una normale giornata di lavoro. A un certo punto è apparso un giaguaro che lo ha spaventato e messo alle strette. L'uscita è stata quella di chiedere aiuto a Nostra Signora di Aparecida. La strategia ha funzionato perché il giaguaro è semplicemente scappato.

Nostra Signora della Presentazione
Natal-Brasil-1753

Il 21 novembre 1753, i pescatori trovarono una cassa di legno su una delle rocce vicino alla riva del fiume Potengi. Dopo aver aperto la scatola, hanno trovato un'immagine della Madonna del Rosario accompagnata dal seguente messaggio: Dove questa immagine non porta sfortuna accadrà.

Il sacerdote della città fu informato della scoperta e poiché questo giorno era esattamente la data in cui Maria fu presentata al tempio di Gerusalemme, l'immagine fu battezzata come "Nostra Signora della Presentazione" e proclamata patrona della città. Questo giorno è una festa in città, un giorno di devozione al santo protettore di tutto il Nord - Rio Grande do Sul.

Nostra Signora di Lavang
Vietnam-1798

Alla fine del XVIII secolo, ci fu una disputa tra i vari concorrenti per il trono vietnamita. Tra loro, Nguyen Anh, ha chiesto sostegno ai cattolici e al monarca di Francia. Sapendo questo, Canh Thin, il suo avversario, ordinò la distruzione di tutte le entità cattoliche che lo sostenevano.

La via d'uscita per il piccolo gruppo di cristiani di quel paese era rifugiarsi sulle montagne tra i confini. Tuttavia, i suoi avversari non si fermarono per annientarli. Inoltre, soffrivano di fame, freddo, malattie e attacchi di animali selvatici. Fu in questa situazione estrema che un giorno la Madonna apparve a un gruppo di persone in un lungo abito bianco con il bambino Gesù in braccio e circondata da angeli. Poi li ha contattati.

"Io sono la Madonna." Il mio cuore è con te in questa difficile situazione. Non essere scoraggiato! Prendete le foglie di Lavang, fatele bollire e prendete il tè. In questo modo guariranno dalle loro malattie. Prometto anche di ascoltare tutte le preghiere fatte in questo luogo.

Detto questo, è scomparso come fumo. In questo luogo è stata eretta una semplice cappella. Era il punto d'incontro per i fedeli fuggiti dalle persecuzioni. Durante quasi cento anni di persecuzione religiosa, il santo è apparso più volte su questo sito dando istruzioni e incoraggiandoli. Nostra Signora di Lavang divenne così la speciale protettrice dei cristiani vietnamiti.

Nostra Signora del Lichene
1850-Polonia

Era il 1813. A quel tempo, ci fu una rivoluzione che prese il sopravvento sull'Europa portata da Napoleone e dai suoi soldati. Come in ogni guerra, c'erano enormi perdite umane da considerare. Possiamo prendere come esempio la battaglia delle nazioni in cui furono feriti circa ottantamila combattenti.

Tra tanti soldati, uno di loro di nome Tomasz Klossowski era devoto alla Madonna. Ogni notte, ha insistito sulla richiesta di non morire in terre straniere. In una di quelle ferventi notti, l'Immacolata gli apparve con indosso una veste d'oro e un'aquila bianca in mano.

"Io sono la Madonna." Ho ascoltato le tue preghiere. Tornerai nella tua regione. Quando ciò accade, cerca un'immagine come me e diffondi la mia devozione.

"Grazie mille, madre mia." Sono contento della notizia. Lo farò secondo la tua santa volontà.

"Sono felice, buon servitore." Vi lascio la mia pace. Vai avanti e lascia che questa guerra finisca presto.

"Così sia!

La madre di tutti noi è sorta davanti ai suoi occhi e presto è scomparsa nell'immensità dei cieli. Miracolosamente, questo servo fu salvato da tutti i pericoli nelle battaglie e alla fine di esse tornò nella sua regione natale. Nel corso di ventitré anni, ha cercato la suddetta immagine e ha finito per trovarla. Lo mise a casa sua e in seguito in una cappella situata in una foresta vicina.

Tuttavia, nonostante i suoi sforzi, la devozione di Maria non divenne popolare nella regione, lasciando l'immagine abbandonata nella foresta. Il 15 agosto 1850 la santa si manifesta a un parroco di passaggio.

"Io sono la Madonna." Sono addolorato per la desolazione di questa immagine e preoccupato per il male che contamina il mondo. Le persone peccano continuamente, non pensano a fare penitenza e cambiare la loro vita. Non passerà molto tempo e saranno severamente puniti da Dio per questo. Improvvisamente cadranno morti e non ci sarà nessuno a seppellirli. Gli anziani moriranno, i bambini moriranno nell'atto di essere nutriti dalle loro madri. Ragazzi e ragazze saranno puniti, i piccoli orfani piangeranno i loro genitori. Allora ci sarà una guerra lunga e terribile.

"Non potresti gridare a Dio per alleviare almeno questi guai?" - chiese Mikolaj Sikatka.

"Lo faccio sempre." La misericordia del Padre celeste è inesauribile e tutto può ancora essere cambiato. Quando ci sono santi nel paese, può essere salvato. Il paese ha bisogno di madri sante. Amo le tue buone madri; Ti aiuterò sempre in ogni esigenza. Li capisco: ero una madre, con molto dolore.

"Hai ragione. La Polonia ha davvero madri straordinarie. Come possiamo ripagare il loro affetto?

"Le intenzioni più perfide degli oppressori, le tue madri le infrangono. Danno al paese figli numerosi ed eroici. Nel periodo del fuoco universale, questi ragazzi rapiranno il paese libero e li salveranno.

"Sono felice. Era il minimo che potessimo fare.

"Questa è solo una punta dell'iceberg." Il male non riposa. Un esempio di ciò è che Satana seminerà discordia tra i fratelli. Tutte le ferite non saranno ancora guarite e una generazione non crescerà finché la terra, l'aria e il mare non saranno coperti di così tanto a oggi che fino a oggi non si è visto. Questa terra sarà impregnata di lacrime, cenere e sangue dei martiri della santa causa. Nel cuore del paese, i giovani periranno sul rogo del sacrificio. Bambini innocenti moriranno di spada. Questi nuovi e innumerevoli martiri supplicheranno davanti al trono della giustizia di Dio per te, quando avrà luogo la battaglia finale per l'anima della nazione, quando sarai giudicato. Nel fuoco di lunghe prove la fede sarà purificata, la speranza non scomparirà, l'amore non cesserà. Camminerò in mezzo a voi, vi difenderò, vi aiuterò, attraverso di voi, aiuterò il mondo.

"Sia benedetta, madre mia." Possiamo sperare in un lieto fine a questa storia?

"Con sorpresa di tutte le nazioni, dalla Polonia, sorgerà la speranza per l'umanità tormentata. Allora tutti i cuori si muoveranno di gioia, come non c'era mille anni fa. Questo sarà il più grande segnale dato alla nazione, perché torni in sé e si consoli. Ti unirà. Poi, in quel paese tormentato e umiliato, discenderanno grazie eccezionali come non c'erano mille anni fa. I giovani cuori si muoveranno. Seminari e conventi saranno pieni. I cuori polacchi amplieranno la fede nell'est e nell'ovest, nel nord e nel sud. La pace di Dio era stata stabilita.

"Gloria a Dio!

"Ho una richiesta speciale da fare: voglio che le persone si uniscano in preghiera pregando il mio rosario. Allo stesso modo, voglio che i sacerdoti celebrino la Messa con maggiore impegno. Per quanto riguarda l'immagine, ti chiedo di trasferirla in un luogo più adatto. In futuro verranno costruiti un monastero e un santuario a me dedicati. Poiché sono così dediti alla mia causa, li coprirò di benedizioni e glorie. Niente può farti del male.

"Farò quello che posso, mia madre." Puoi stare tranquillo.
"Lo so, buon servitore. Vi lascio la mia pace!
"Grazie!

Gli angeli circondarono la Madonna portandola per le braccia. Quindi volarono in direzione del cosmo. Il parroco ha riflettuto per alcuni istanti sulla migliore strategia da adottare in quella situazione. Finì per decidere di seguire esattamente i passi compiuti.

Il tempo passò. Nonostante tutti gli sforzi compiuti dal servo, nessuno gli prestò attenzione. Con il suo arresto la situazione è peggiorata. La gente ha riconosciuto i messaggi della madre di Dio solo dopo un'epidemia di colera. Con quello, hanno fatto penitenza. È stata inoltre istituita una commissione il cui obiettivo principale era verificare la veridicità dell'apparizione. La conclusione di questo processo è stata positiva.

L'immagine è stata trasferita più volte fino a trovarsi definitivamente nella settima chiesa più grande d'Europa, gloria della sua regione. Col passare del tempo, la devozione alla Vergine Madre di Dio è aumentata nel Paese, che ha fatto il nome di Maria in tutta Europa. Nostra Signora del Lichene è la protettrice speciale di tutti i polacchi.

Nostra Signora di Lourdes

Francia-1858

Prima apparizione

11 febbraio 1858-A giovedì

Bernadete, sua sorella Marie e un'amica furono mandate sul campo a raccogliere rami secchi. Di solito facevano volentieri questo lavoro, il che dava loro la sensazione di essere utili. Dirigendosi a questo compito, hanno deciso di andare oltre, più precisamente, fino all'incontro tra l'acqua del canale e il Gave.

Nel momento esatto dell'attraversamento dell'acqua, vicino a una grotta, le due compagnie di Bernadette iniziarono ad attraversare l'acqua mentre lo stesso dubitava che potesse farlo anche lui. Ciò è spiegato da una raccomandazione medica di non prendere il raffreddore.

Dopo circa cinque minuti, ha finalmente preso coraggio e ha iniziato a togliersi i calzini. Fu proprio in quel momento che udì un rumore simile al vento. Guardando il lato opposto della grotta, notò gli alberi in piedi, che lo calmarono un po' '. Quindi riprese l'esercizio di togliersi i calzini.

Poco dopo, quando alzò la testa in direzione della grotta, vide una signora vestita tutta di bianco. Secondo la sua descrizione, oltre al vestito, aveva un velo bianco, una cintura blu, una rosa su ogni piede e ne teneva un terzo. Spaventata, la ragazza ha cercato di prendere il suo terzo e fare il segno della croce, ma al primo tentativo non ha avuto successo. Con un po' di tempo, è diventato più pacifico. Riuscì a farsi il segno della croce e iniziò a pregare il rosario.

Per tutta la preghiera, la strana signora è rimasta raggiungibile con i suoi occhi enigmaticamente. Al termine di questa attività religiosa, l'apparizione gli fece cenno di avvicinarsi. La paura, tuttavia, lo ha impedito. Rendendosi conto della fragilità della ragazza, la bella signora si allontanò e scomparve nell'immensità della grotta.

Da sola, la cara ragazza ha finito di togliersi le scarpe. Ha attraversato l'acqua per incontrare i suoi compagni. Successivamente, hanno raccolto i rami secchi e hanno iniziato a tornare a casa. Infastidita da tutto quello che era successo, si mise in contatto con gli altri.

"Hai visto qualcosa?"

"No, non l'ho fatto. Hai visto qualcosa, Marie? " L'amico ha chiesto.

"Non l'ho visto neanche io." Cosa hai visto, sorella? "Marie ha chiesto.

"Se non l'hai visto, non l'ho visto neanche io", ha detto Bernadette.

La strana conversazione rese le altre ragazze totalmente sospettose. Quindi, lungo la strada, continuavano a fargli domande. Insistevano così tanto che il sensitivo non aveva altra scelta che dirlo.

"Lui sta bene. Ho visto una signora con un rosario in mano nella grotta. Abbiamo passato un po' 'di tempo ad ammirarci e pregare il rosario.

"Chi era, sorella?" "Marie ha chiesto.

"Non ho avuto il coraggio di chiedere." La paura era molto grande - si giustificò Bernadette.

"Avrei dovuto chiedere." Solo in questo modo non avremmo dubbi", ha osservato Marie.

"Interessante! Peccato che non avessimo il visto! "L'amico era dispiaciuto."

"Lo mantieni segreto?" Ha chiesto Bernadette.

"Non preoccuparti. Le nostre bocche sono come una tomba", disse l'amico.

"Esattamente! Nessuno dovrebbe saperlo ", ha detto Marie.

La conversazione si è conclusa e le ragazze hanno continuato a seguire il percorso. Quando sono tornati a casa, non hanno mantenuto la promessa raccontando a tutti la storia dell'apparizione. Questa era in breve, la storia della prima apparizione.

Seconda apparizione

14 febbraio 1858, una domenica

Ritornato nello stesso posto in compagnia di altre ragazze, Bernadette portò con sé una bottiglietta di acqua santa. Coraggiosamente, sono entrati nella grotta e hanno iniziato a pregare. All'inizio di questa attività, la strana donna apparve di nuovo nella visione del veggente.

Istintivamente, il chiaroveggente iniziò a gettare acqua santa all'apparizione dicendo:

"Se vieni da Dio, resta. In caso contrario, vattene.

La visione sorrise e annuì senza dire nulla, il che si aggiunse al dramma della situazione. Dopo tutto, chi era e cosa stava cercando? L'acqua santa è stata versata fino alla fine. Quando il rosario è completato, la donna è misteriosamente scomparsa. Con ciò, quel gruppo di giovani è tornato alle rispettive case.

Terza apparizione

18 febbraio 1858, un giovedì

Tornando al luogo con persone appartenenti all'élite, la veggente ha portato con sé carta e inchiostro, seguendo i consigli di alcuni. All'inizio della preghiera del rosario, la donna è apparsa di nuovo. Quindi è stato effettuato il primo contatto.

"Se hai qualcosa da dire, dì che prenderò appunti", ha detto Bernadette.

"Non c'è bisogno di scrivere quello che ho da dire." Tuttavia, vuoi avere la grazia di farmi visita qui per quindici giorni?

"Sì", disse il servitore di Dio.

"Sono contento della tua decisione." Continua la preghiera con grande fede. Ti benedirò sempre", disse l'apparizione.

"Amen", voleva la bambina.

Continuarono nella preghiera del rosario e alla fine la visione scomparve di nuovo. Il mistero è rimasto e poi quelli nella grotta sono tornati a casa.

Quarta apparizione

19 febbraio 1858, un venerdì

Il sensitivo e circa sei amici sono entrati nella grotta alla ricerca della donna misteriosa. Quando inizia la preghiera del terzo, dal terzo uccello Maria, la vista della strana signora è evidente e dura circa trenta minuti. È abbastanza lungo perché lei trasmetta alcune linee guida segrete di devozione. Quando il rosario è completato, scompare misteriosamente. Come concordato, il profeta e gli amici promettono di tornare il giorno successivo.

Quinta apparizione

20 febbraio 1858

Ben presto, Bernadette e altri trenta testimoni arrivarono alla grotta. Non appena sono iniziate le preghiere, la signora del cielo si è rivelata la serva. La lezione del giorno era insegnargli una preghiera che doveva essere tenuta segreta. Dopo aver terminato questo compito, si sono salutati. Un altro giorno era stato compiuto.

Sesta apparizione

21 febbraio 1858

Bernadette è tornata alla grotta con un contingente di cento persone. Alle sette del mattino, la gloriosa signora si presentò:

"Buongiorno! Possa La pace essere con te!

"Così sia. Cosa vuoi per oggi?

"Sono venuto per consigliarti di restare sulla tua strada." In particolare, prega per i peccatori.

"Lo farò. Ma a volte le persone sono così scortesi e insensibili.

"È vero. Tuttavia, Dio può fare qualsiasi cosa. Chiede la tua collaborazione.

"Sono grato per questo invito." Non voglio niente in cambio per questo.

"Non vuoi, ma Dio te lo darà." Ti prometto la felicità.

"Qui? In questo mare di male?

"Ti prometto sicurezza e pace sulla terra." La felicità sarà raggiunta nei cieli.

"Mi sia fatto secondo le tue parole."

"Amen! Pace e bene! Devo andare ora.

"Vai in pace!

Dissolvendosi nell'oscurità della caverna, l'illuminato lasciò i servi a pregare. Certamente, più benedizione sarebbe stata inviata da quell'essere di pura luce.

Lasciando la grotta con la folla, la sensitiva ha iniziato il suo ritorno a casa. A questo punto della storia, le apparizioni erano già note a molte persone, il che ha generato sempre più voci.

Uno di coloro che avevano appreso di questo fatto, era il delegato della città Dominique Jacomet. Era un uomo bruto che non credeva alle religioni, lottando per un buon ordine pubblico. Le ripercussioni delle apparizioni furono così forti che fu costretto a indagare sul caso. Con ciò, il chiaroveggente fu chiamato a testimoniare.

In quanto cittadina adempiendo ai suoi doveri, ha risposto alla sua convocazione sapendo di non avere nulla da temere. Il pomeriggio dello stesso giorno ha fatto visita all'ufficiale al lavoro. Riunendosi in una stanza privata, iniziò a essere interrogata.

"Signorina, l'ho chiamata qui per chiarire." È noto in tutta la comunità delle probabili apparizioni. Che ne dici di questo? Ha chiesto il delegato.

"Sono onorato di essere stato scelto dalle forze del cielo." Non mi magnifica né mi nobilita affatto. Faccio solo parte di un piano più ampio ", ha risposto l'intervistato.

"Che cosa? Stai cercando di convincermi che questo è vero? Presto per me?

"Non c'è da stupirsi che io possa crederci." Dopotutto, Dio può fare qualsiasi cosa.

"Stoltezza! Non credo alle fate, ai folletti, ai buoi dalla faccia nera e nemmeno agli spiriti! Non mi basta preoccuparmi dei processi? Adesso dovrò occuparmi anche degli alieni?

"Non è alienazione." E solo l'azione di Dio!

"Egli arriva! Ho già tratto le mie conclusioni! D'ora in poi ti proibisco di tornare alla grotta.

"Ma cosa sto facendo di sbagliato?"

"È solo che non voglio che diventi qualcosa di più grande." Vai a casa e obbedisci.

"Rispetto la tua autorità, ma non posso prometterlo.

"Sei avvertito." Se insisti, dovrai sopportarne le conseguenze. Ordine del giorno chiuso!

Bernadete ha lasciato la stanza e la stazione di polizia. L'udienza con il vice sceriffo lo aveva messo a disagio. Tuttavia, portava nel petto la certezza che nessun uomo poteva essere più grande di Dio. Ci penserei qualcosa al riguardo. Arrivato a casa e parlando del colloquio con il vice sceriffo, il padre la rimproverò fortemente vietandole l'accesso alla grotta. La giovane donna scoppiò in lacrime perché sapeva che tutto sarebbe stato più difficile racconta le sue pretese.

Settima apparizione

22 febbraio 1858

Il delegato era convinto della sua decisione. Con l'obiettivo di eseguire i suoi ordini, mise i soldati a presidiare la grotta. Sebbene fosse proibito, la ragazza coraggiosa ha insistito sulla promessa fatta a Dio. Miracolosamente, gli avversari erano inconsapevoli della sua presenza e lei può entrare in quel luogo sacro. Come al solito, pregò a bassa voce. Tuttavia, non è successo niente. Questa volta la visita non era arrivata. Tornato in città, ha appreso della sospensione del divieto. Questa è stata una vittoria personale per Cristo contro Satana.

Ottava apparizione

24 febbraio 1858

Era un mercoledì caldo e tranquillo. Vicino alla grotta c'erano circa trecento persone. L'Anticristo gridò contro la folla.

"Come è possibile che ci siano ancora così tanti idioti a metà del XIX secolo?"

In risposta, i devoti mariani hanno cantato canzoni in onore della Vergine. Bernadette è estasiata per qualche istante. Di solito è in questi momenti che ricevi i messaggi. Rivolta alla folla, la venerabile donna grida:

"Penitenza, penitenza, penitenza!" Pregate Dio per la conversione dei peccatori!

In lacrime, la folla ha promesso di soddisfare la richiesta. Le forze oscure avevano perso un'altra battaglia contro il potere della Madonna. La figura di lei che calpesta un serpente rappresenta la speranza degli umili in Dio. Benedetta sia nostra madre!

Nona apparizione
25 febbraio 1858

Il veggente e altre trecento persone sono vicino alla grotta quando appare l'apparizione.

"Buongiorno, mio amato amico." Il tuo compito oggi è andare alla fonte e lavarti. Mangerai l'erba che c'è.

"Lo farò adesso", disse il caro servitore.

Il chiaroveggente fece come richiesto dal santo. La visione è scomparsa e la giovane donna è stata costretta a rinunciare al lavoro della giornata. Apparendo davanti alla folla che aspettava ansiosamente, hanno chiesto:

"Sai chi pensa che tu sia pazzo di fare queste cose?"

"È per i peccatori", risponde il venerabile devoto.

Con la questione chiusa, ognuno di loro è tornato alle proprie case.

Decima apparizione
27 febbraio 1858

Circa ottocento persone assistono a questo atto. Bernadette beve acqua santa, penitenze e fa catene di preghiera. La strana signora osserva tutto questo in silenzio.

Undicesima apparizione
28 febbraio 1858

Il pubblico cresce ogni giorno. Ora ci sono mille persone che guardano il veggente andare in estasi, pregando, baciando la terra e in ginocchio in segno di mortificazione. A causa delle ripercussioni di questi atti, viene portata davanti al giudice e lo stesso viene minacciato di reclusione. Di nuovo, le forze delle tenebre stavano cercando di ostacolare il cammino di questo discepolo di Cristo.

Dodicesima apparizione

1° marzo 1858

La fama delle apparizioni crebbe sempre di più. Di conseguenza, il pubblico per quel giorno ha superato le cinquemila persone. Seguì lo stesso rituale delle altre volte, con il potere della luce che accompagnava tutto. Con la partenza di tutti, Catarina Latapie, amica del veggente, si recò alla grotta credendo nel potere miracoloso della fontana che vi si trova. Inumidendo il braccio malato, il braccio e la mano vengono misteriosamente guariti con conseguente ritorno dei movimenti. C'era la prova che Dio stava operando in quel luogo.

Tredicesima apparizione

2 marzo 1858

La folla aumenta notevolmente. Non appena inizia la catena di preghiere, appare la signora.

"Buongiorno, mio carissimo amico." Oggi ho una richiesta: dirai ai sacerdoti di venire qui in processione e di costruire una cappella.

"Buongiorno! Trasmetterò il messaggio ora.

Passando al gruppo di sacerdoti, si mette in contatto.

"La signora che mi appare chiede di organizzare una processione in questo luogo e di costruire una cappella.

"Chiedo due cose per questo: voglio conoscere il nome di quella Signora e vedere un miracolo. Non ci crederò fino a quando il cespuglio di rose non fiorirà - rispose Peyramale.

"Trasmetterò le vostre richieste, caro prete", ha convenuto Bernadette.

Tornando all'apparizione, chiede, ma la visione rimane muta. Poco dopo scompare, rattristando tutto il pubblico. Non era ancora stata questa volta.

Quattordicesima apparizione

3 marzo 1858

Al mattino, il veggente arriva alla grotta accompagnato da circa tremila persone. Sebbene tutti i passaggi rituali siano stati seguiti alla lettera, la visione non appare lasciando un po' 'di frustrazione nelle persone. Successivamente, il veggente riceve un messaggio dalla donna che chiede il suo ritorno alla grotta. Lì, si manifesta di nuovo. Ha seguito della richiesta del sacerdote, la giovane donna pone la stessa domanda di sempre. In risposta, riceve un sorriso. Quando esce dalla grotta, torna in contatto con il sacerdote che ribadisce la sua richiesta: "Se davvero vuole una cappella, dica il suo nome e faccia fiorire il roseto in pieno inverno".

La giovane donna benedetta torna a casa piena di speranze di vedere compiuto questo miracolo. Dopotutto, non c'è niente d'impossibile con Dio.

Quindicesima apparizione

4 marzo 1858

La folla cresce notevolmente: ora ci sono ottomila persone che cercano una risposta personale allo spettacolo abbagliante. Contrariamente a tutte le aspettative, la donna rimane in silenzio di fronte a tutte le domande. Il mistero che circondava questa figura stava diventando sempre più grande. Per venti giorni Bernadette non torna alla grotta.

Sedicesima apparizione

25 marzo 1858

Era una mattina calma e calda quando la ragazza entrò di nuovo nella grotta. Come al solito, ha iniziato a recitare il rosario. In questo apparve l'illuminato.

"Sono qui, di nuovo. Abbi fede in Dio e in me. Sono chiamata l'Immacolata Concezione.

"Ho molta fede." Trasmetterò il tuo messaggio ai sacerdoti.

Correndo felice, il servo di Dio raccontò ai sacerdoti cosa era successo. Sono impressionati; pertanto, il titolo "Immacolata Concezione" era stato dato in onore alla Madonna e considerato come un dogma. Il mistero è stato quindi risolto.

Diciassettesima apparizione

7 aprile 1858

Di fronte alla folla, Bernadette accende la candela. La sua mano è stata avvolta dalle fiamme durante questo processo. Alla fine di questo atto, si è constatato che non ha subito ustioni, aumentando l'elenco dei miracoli della Vergine Immacolata.

Diciottesima apparizione

L'accesso alla grotta era vietato all'infelicità di tutti i fedeli della Madonna. In alternativa, Bernadette utilizza un altro percorso per avvicinarsi al sito. La sua visione è di Nostra Signora del Monte Carmelo che saluta con la mano. Questo ciclo di apparizioni si è così concluso.

Conclusione

Quattro anni dopo, si diceva che le visioni fossero autentiche. La veggente entrò nella congregazione delle figlie della carità dove rimase fino alla sua morte. La sua canonizzazione avvenne l'8 dicembre 1933.

Nostra Signora del Buon Aiuto

9 ottobre 1859

Campione Wisconsin-USA

Suora Adele e altri vicini andarono a prendere il grano da Campino. A un certo punto, fu sorpresa dall'apparizione di una donna in piedi tra due alberi. La signora indossava vesti bianche, i suoi capelli erano ramati, i suoi occhi scuri e profondi fissavano con forza la giovane donna. Piena di paura, nostra sorella in Cristo continuò a pensare a cosa avrebbe dovuto fare finché la visione semplicemente scomparve. Poi è tornata in convento.

Più tardi, passando per lo stesso luogo, rivide l'immagine. Arrivata in convento, ancora spaventata, ha rivelato il segreto al suo confessore personale:

"Padre, una donna mi è apparsa due volte. Cosa dovrei fare?

"Mettiti in contatto con lei." Se vieni dal paradiso, non ti farà male.

"Lui sta bene!

Seguendo il suo consiglio, la suora è tornata sul luogo dell'apparizione. Come previsto, è apparso alla stessa signora. Più calma, ha intervistato la visione.

"Chi è? E cosa vuoi da me?

"Sono la Regina del Cielo, che prega per la conversione dei peccatori, e desidero che tu faccia lo stesso. Hai ricevuto la Santa Comunione questa mattina e stai bene. Ma devi fare di più. Fai una confessione generale e offri la Comunione per la conversione dei peccatori. Se non si convertono e non fanno penitenza, mio Figlio sarà obbligato a punirli. Felici quelli che credono senza vedere. Cosa fate qui nell'ozio mentre i vostri compagni lavorano nella vigna di mio Figlio? Raduna i bambini di questo paese selvaggio e insegna loro ciò che devono sapere per la loro salvezza. Insegna loro il Catechismo, come fare il Segno della Croce e avvicinarsi ai Sacramenti. Questo è quello che ti auguro di fare. Vai e non aver paura. Aiuterò.

"Sono onorato di aver portato a termine una missione così gloriosa." Benedetta sia fra tutte le donne!

"Sia benedetto il nostro Dio!"

"Farò come mi chiedi."

"Sii in pace allora!" Possiamo unire le nostre forze in modo che più peccatori si convertano! Non voglio perdere nessuno di questi piccoli.

"Neanche io! Grazie, mamma mia.

"Prego, figlia."

Detto questo, la signora si alzò alla sua vista, andando a unirsi agli angeli in paradiso. Questa fu un'altra delle apparizioni registrate che miravano alla sua massima gloria. Benedetta sia nostra madre.

Nostra Signora della Speranza
Pontmain-France-1871

Verso le sei del 17 gennaio, Eugênio Barbeie si prendeva cura del fratello minore. In quel momento era arrivata la vicina di nome Joana Details. È venuta per parlare un po' 'e le mancano i suoi cari amici. Con l'interruzione dei suoi compiti, Eugênio voleva uscire per un po' 'e lo fece.

In questo momento, fu sorpreso di vedere una signora che galleggiava a pochi metri sopra una casa vicina. La bella donna brillava come il sole. La sua veste era blu adornata di stelle scintillanti e il suo paio di scarpe era blu con fibbie d'oro. Inoltre, indossava un velo nero accuratamente ricoperto da una corona d'oro sulla testa.

Il ragazzo ha ammirato la figura per un po' '. Poco dopo è uscito anche il vicino, che ha approfittato della situazione per parlarle.

"Joan, non vedi niente lassù nel negozio di fumo?" Chiese il bambino, indicando con il dito indice la vista.

"Non vedo niente, figlio mio", disse il vicino in modo piatto.

In questo, anche i genitori del ragazzo se ne vanno, ma non possono vedere nulla. Il ragazzo più giovane vede la stessa immagine. Gli altri non credono alle loro versioni e li costringono a entrare in casa per la cena. Più tardi, ottiene una licenza per andarsene di nuovo. C'è stata di nuovo la visione e sono sbalorditi.

La notizia dell'apparizione ha attraversato il villaggio e presto almeno un buon numero di persone si è unito. Tra loro, solo due studenti del convento possono descrivere la visione. Il sacerdote ha esortato altri a pregare e cantare canzoni. Con ciò, sono accaduti fatti notevoli. Passarono tre ore prima che la visione scomparisse completamente. Il messaggio dato in questa occasione è il seguente: "Ma pregate, figli miei; Dio ti risponderà presto; mio figlio sta per essere spostato. "

Nostra Signora di Pellevoisin
Pellevoisin - Francia - 1876
Un po' 'di sensitivo

Estela Faguette è nata il 12 settembre 1839. Ragazza dolce e affascinante, riceve ben presto le istruzioni religiose ed educative necessarie nella sua infanzia. All'età di undici anni, accadde qualcosa di straordinario nella sua vita: fu scelta dalla comunità per portare lo stendardo della Madonna nella processione commemorativa del dogma dell'Immacolata Concezione. È stato un momento eccezionale che gli ha dato gioia e un rapporto più stretto con la madre di Dio.

Tre anni dopo, è stata costretta a trasferirsi a Parigi alla ricerca di migliori condizioni di vita per la sua famiglia. In questo periodo inizia a frequentare un convento che matura la sua devozione a Maria. L'ambiente gli piace così tanto che finisce per iniziare il processo d'integrazione religiosa. Per tre anni consecutivi ha svolto un ottimo lavoro di predicazione, aiutando anche i più bisognosi. Alla fine di questo periodo, è costretta a lasciare la sua vita religiosa e andare a lavorare con una famiglia per aiutare i suoi genitori.

Nella stagione calda, i loro capi si trasferiscono nella casa estiva situata vicino a Pellevoisin. Estela e i suoi genitori lo prendono.

La malattia di Estela

Estela è gravemente malata. Più vicini alla figlia, i parenti della cameriera le forniscono il necessario supporto emotivo in questo momento. La sua salute è così delicata che i suoi datori di lavoro acquistano terreni nel cimitero della città. Il 14 febbraio, il suo medico personale gli dà l'ultimatum: non ha più di poche ore da vivere. In questa occasione, la ragazza si è già rassegnata alla sua fine. Almeno, si sente supportata dai suoi genitori.

Le malattie maledette che gli infliggono sofferenza sono: tubercolosi polmonare, peritonite acuta e tumori addominali. Mesi prima, commossa dalla sua ultima speranza di guarigione, aveva scritto una lettera indirizzata alla Vergine Maria inviata proprio nella grotta dedicata a Nostra Signora di Lourdes. Ecco il contenuto della lettera:

"O mia buona Madre, eccomi di nuovo prostrato ai tuoi piedi. Non puoi rifiutarti di ascoltarmi. Non hai dimenticato che sono tua figlia, che ti amo. Concedimi dunque, per il tuo divino Figlio, la salute del corpo, per la tua gloria.

"Guarda il dolore dei miei genitori, sai che non hanno altro che me come risorsa. Non potrò finire il lavoro che ho iniziato? Se non puoi, a causa dei miei peccati, procurarmi una cura completa, puoi almeno procurarmi un po' 'di forza per poter guadagnare la vita dei miei genitori e quella di me. Vedi, mia buona Madre, sono vicini a dover mendicare il pane, non posso pensarci senza essere profondamente angosciato.

"Ricorda le sofferenze che hai sopportato, la notte della nascita del Salvatore, quando sei stato costretto ad andare di porta in porta chiedendo asilo! Ricorda anche quello che hai sofferto quando Gesù è stato posto sulla Croce! Ho fiducia in te, mia buona Madre, se vuoi, tuo Figlio può guarirmi. Sa che volevo moltissimo essere tra il numero delle sue mogli e che era per essere piacevole che ho sacrificato la mia esistenza per la mia famiglia che ha così tanto bisogno di me.

"Degnati di ascoltare le mie supliche, mia buona Madre, e di trasmetterle al tuo divino Figlio. Possa Lui restituirmi la mia salute se gli piace, ma sia fatta la sua volontà e non la mia. Che tu mi conceda almeno una rassegnazione totale ai tuoi disegni e che questo possa servire alla mia salvezza e a quella dei miei genitori. Hai il mio cuore, Vergine Santa, conservalo sempre e lascia che sia il pegno del mio amore e il mio riconoscimento per la tua bontà materna. Ti prometto, mia buona Madre, se mi concedi le grazie che ti chiedo, di realizzare tutto ciò che dipende da me per la tua gloria e il tuo divino Figlio.

«Prendi la mia cara nipote sotto la tua protezione e proteggila dai cattivi esempi. O Vergine Santa, imitarti nella tua obbedienza e che un giorno sarò con te, Gesù, nell'eternità. "

In risposta a questa lettera è iniziata la sequenza di apparizioni ritenute autentiche dalla comunità cristiana.

Prima apparizione

14 febbraio 1876

È la notte del 14 febbraio 1876. Il servo di Dio si trova in un momento molto fragile. Verso mezzanotte, un paio di figure appaiono sul bordo del suo letto. Segui la descrizione della veggente stessa: "All'improvviso, il diavolo è apparso sotto il mio letto. IL! Quanto ero spaventato. È stato orribile, stavo facendo smorfie quando la Vergine è apparsa dall'altra parte del letto ".

In questo, è iniziato il dialogo tra di loro:

"Cosa stai facendo qui? Non vedi che Estela è vestita con la mia livrea (scapolare)? - chiese Maria, riferendosi a Satana.

"Sono venuto perché voglio vederti nei tuoi ultimi momenti." Questo mi dà molto piacere", disse Satana con sarcasmo.

"Mostro! Perché ti comporti così? " Chiese la cameriera.

"Perché io sono il diavolo, perché le palle", rispose Satana.

"Calmati, figlia mia." Non aver paura di questo mostro", chiese Maria.

"Sono fermamente convinto che starò bene", ha detto il paziente.

"Quello è buono! "Maria era contenta."

Le figure scompaiono nell'oscurità della notte senza ulteriori spiegazioni. Questa è stata la prima esperienza spirituale della donna morente.

Seconda apparizione

14 febbraio 1876

Quella stessa notte, all'alba, ricompare la Vergine mostrandosi con uno sguardo preoccupato e attento verso la sua serva.

"Sono qui, figlia mia." Voglio stringerti tra le mie braccia di fronte alla tua fragilità", annunciò l'Immacolata.

"Grazie, madre mia." Tuttavia, sono ancora molto turbato dai peccati che ho commesso in passato e che ai miei occhi erano lievi colpe - ha commentato la paziente.

"Le poche buone azioni e alcune fervide preghiere che mi hai rivolto hanno toccato il cuore di mia madre, sono pieno di misericordia - Ha rivelato nostra madre.

"Queste parole mi rassicurano", disse il venerabile cristiano.

"Per fortuna! Ho tre notizie da darvi: per cinque giorni consecutivi vi vedrò; sabato morirai o sarai guarito; se mio figlio ti dà la sua vita, pubblicherai la mia gloria", disse Maria.

"Sono commosso." Ti prego di dirmi se sarò guarito o no" chiese con fervore il devoto di Maria.

"Sono d'accordo." Ho ricevuto la tua lettera e ti dico che sarà guarita" disse l'Illuminato.

"Gloria a Dio e benedetta sei tu fra le donne." Non so come ringraziarti per tanta grazia.

"Fai sempre del bene e siamo già ricompensati". Prendi questo periodo difficile come una prova.

"Seguirò il tuo consiglio," promise Estela.

"Sono felice. Adesso vai a dormire, figlia mia.

Detto questo, la madre di Dio è scomparsa nel mezzo della notte oscura. Stanca, la donna morente si è addormentata sentendosi un po' 'meglio. Il giorno successivo sarebbe un altro momento per mettere alla prova e purificare la tua anima.

Terza apparizione

15 febbraio 1876

Estela pensò a tutti gli eventi accaduti nella sua breve vita. La sua esistenza era stata un insieme di cose buone e cattive con una predominanza di fatti buoni. Poi pensò: perché non morire adesso in stato di grazia?

Non appena la vergine è apparsa al capezzale, ha deciso di sfidarlo.

"Buonanotte, figlia mia." È meglio? Chiese la vergine.

"Un po' 'meglio. Mia madre, con tutto il rispetto, se potessi scegliere, vorrei morire mentre sono ben preparata - ha chiesto la donna morente.

"Ingrato! Se mio Figlio ti restituisce la salute, ne hai bisogno. Se mio Figlio si è lasciato toccare, è stato per la tua grande rassegnazione e pazienza. Non perdere il frutto a causa della tua scelta - Condannato l'Immacolata.

"Molto dispiaciuto. Non conosco davvero i progetti del padre. Accetto con rassegnazione di continuare la missione ". La domestica si è degradata.

"Sono contento che tu ci abbia pensato." Lascio la mia pace e la mia felicità con te. Miglioramenti!

Detto questo, Maria è salita per scomparire completamente. Un'ondata di soddisfazione e gioia riempì lo spirito di Estela. Aveva molto da imparare.

Quarta apparizione
16 febbraio 1876

La devota Marina ha migliorato un po' 'la sua salute dalle sue ultime apparizioni. Corpo e mente reagivano a poco a poco anche di fronte a una malattia altamente pericolosa. Chi è come Dio? Per lui niente è impossibile. Sentendosi soddisfatto, questo venerabile servitore continuò a ricevere le visite della Beata Vergine Maria.

La notte del rispettivo giorno, si è seduta vicino al letto e si è rimessa in contatto.

"Mia Santissima Vergine, perché mi hai ascoltato, povera peccatrice?" Ha chiesto Estela.

"Spiegherò." Quelle poche buone azioni e alcune ferventi preghiere che mi hai dedicato hanno toccato il cuore di mia madre; tra le altre, quella piccola lettera che mi hai scritto nel settembre 1875. Quello che mi ha colpito di più è stata questa frase: vedere il dolore dei miei genitori se mi mancavano. Sono sul punto di mendicare il pane. Ricorda che hai sofferto anche quando Gesù tuo Figlio fu posto sulla Croce. Ho mostrato questa lettera a mio Figlio - ha rivelato Maria.

"E cosa ha detto? "Curiosamente Estela."

"Questo ti guarirebbe." In cambio, dovresti pubblicare la mia gloria", confermò la madre di Dio.

"Ma come dovrei farlo?" Non sono un grosso problema, non so come avrei potuto farlo - il servitore di Maria era in dubbio.

"Ti illuminerò." Ogni cosa a suo tempo. Ora riposa, figlia mia - Consigliato l'Illuminato.

"Giusto. Grazie ancora - ha ringraziato la giovane donna.

Immediatamente, fu di nuovo sola con i suoi fantasmi. Il futuro sembrava fantastico e promettente a questo punto.

Quinta apparizione

17 febbraio 1876

Era una notte normale come le altre. All'improvviso apparve la figura di Maria, avvicinandosi con il suo solito sorriso.

"Sono qui per ricordarti i tuoi obblighi visto che stai un po' 'meglio", disse Maria.

"Non appena sarò completamente migliorata, prometto di soddisfarli tutti", la rassicurò la serva.

"Sono felice. Vuoi essere il mio fedele devoto? " Chiese Maria.

"Cosa dovrei fare? Ha chiesto Estela.

"Se vuoi servirmi, sii semplice e lascia che le tue azioni provino le tue parole", disse il santo.

"E se mi trasferissi altrove?" "Il devoto interrogato."

"Ovunque tu sia, qualunque cosa tu faccia, puoi guadagnare benedizioni e proclamare la mia gloria", ha detto Maria.

Fermandosi, la madre di Dio si rattristò un po' 'e poi continuò:

"Ciò che mi rattrista di più è vedere che le persone non hanno rispetto per mio figlio nell'Eucaristia e per il modo in cui le persone pregano mentre la loro mente è concentrata su altre cose. Lo dico a coloro che fingono di essere devoti.

"Posso proclamare immediatamente la tua gloria?" - chiese Estela.

"Sì! Sì, ma prima chiedi al tuo confessore cosa ne pensa. Incontrerai ostacoli; sarai provocato e la gente dirà che sei pazzo. Tuttavia, non prestare loro attenzione. Sii fedele a me e io ti aiuterò - Disse la Vergine.

L'Immacolata è scomparsa come fumo. Seguì un periodo di eccitazione, sofferenza e dolore per il paziente. Alle 12:30 esatte si sentiva meglio. In serata, il suo confessore ha rivelato le apparizioni. Seguendo il suo consiglio, ha partecipato alla messa successiva dove è stata completamente guarita. Benedetta sia la nostra santa Madre!

Sesta apparizione
1° luglio 1876
Estela riprese le sue normali attività. In particolare, ero impegnato a promuovere la devozione della nostra signora come forma di gratitudine per la sua guarigione. In questa attività si sentiva felice, realizzato e con una pace indescrivibile.

Dopo la normale giornata di lavoro, questa serva era raccolta nella sua stanza in preghiera. Verso le dieci di sera, la vergine apparve circondata dalla luce.

"Stai calma, figlia mia, pazienza, sarà difficile per te, ma io sono con te", assicurò l'Illuminato.

La devota serva era in un tale stato di estasi che non era in grado di rispondere. La madre di Dio rimase lì per qualche istante e quando si salutò disse:

"Coraggio, devo tornare.

Salendo al cielo, Maria lo benedisse. La cameriera continuava a pensare a tutti gli eventi. Successivamente si è arreso alla stanchezza andando a dormire.

Settima apparizione
2 luglio 1876
I giorni erano molto impegnativi per questo dolce giovane. Sebbene fosse sempre impegnata con i suoi doveri, continuava a pensare alle apparizioni e a cosa rappresentavano nella sua vita. Quindi, non ha aspettato che arrivasse la notte e ritrovasse la sua amata madre.

Alle 10:30 sono andato a letto sperando di vedere un'altra visione paranormale. Anche se era così stanca che si è addormentata. Un'ora dopo si è svegliato e ha detto le sue solite preghiere. Fu allora che fu nuovamente visitato dalla benedetta madre di Dio.

"Sono soddisfatto del tuo lavoro." Grazie a te, molti peccatori si convertiranno a una nuova vita. Avanti, mio figlio ha conquistato più anime che si sono dedicate a lui più profondamente. Il suo cuore è così pieno di amore per il mio cuore, che non potrà mai rifiutarmi nulla. Per me toccherà e ammorbidirà i cuori più duri", ha confidato la Vergine Maria.

"Ti chiedo un segno." Mia buona madre, ti prego, per la tua gloria", chiese il servo.

"E la tua guarigione non è una grande prova del mio potere?" Sono venuta appositamente per salvare i peccatori", ha detto Maria.

"Sì, è vero, mia madre," concordò il devoto.

"A proposito di miracoli, lascia che la gente lo veda", concluse Maria.

Detto questo, l'illuminato è scomparso senza ulteriori spiegazioni. Il lavoro di oggi è finito. Esausto, il servo di Dio si addormentò di nuovo.

Ottava apparizione
3 luglio 1876

La cameriera di Maria era riflessa nella sua stanza quando ricevette di nuovo la visita della regina del cielo. Questa volta era bella come le altre volte.

"Voglio che tu sia più calmo, più pacifico, non ho detto in che giorno od ora tornerò, ma devi riposare", lo rimproverò la Vergine.

Prima che la serva di Maria potesse rispondere e mostrare come si sentiva veramente prima della grande missione presentata, la vergine le sorrise e concluse:

"Sono venuto per concludere la festa."

La visione poi è evaporata. Ognuna di queste visioni stava creando una sorta di film interessante per l'intera comunità cattolica. È stato un onore per quella ragazza essere la protagonista di tutte queste rivelazioni. Continuerebbe quindi il suo lavoro.

Nona apparizione
9 settembre 1876

La nostra amata amica, serva, stava pregando il rosario nella sua stanza quando vide di nuovo la visione. La Madonna è apparsa nella figura di una bella donna. Guardandosi intorno, l'apparizione trovò:

"Mi hai privato della mia visita il 15 agosto perché non eri abbastanza calmo." Hai un vero carattere francese: vogliono sapere tutto prima d'imparare e capire tutto prima di saperlo. Potevo tornare indietro, mi hai privato della mia visita perché aspettavo un tuo atto di sottomissione e obbedienza.

"Non mi sentivo pronto." Meglio tardi che mai, giusto? Chiese il servo.

"Sì hai ragione. Continuate a badare alle mie pecore", ha raccomandato la Vergine.

Detto questo, alzò gli occhi al cielo e scomparve all'istante. Il suo venerabile devoto fu felice per questo incontro dopo tanto tempo.

Decima apparizione

10 settembre 1876

In questo giorno, la madre di Dio è apparsa a Santa Estela più o meno alla stessa ora l'altro giorno. Ci furono solo pochi momenti in cui rimase nella stanza per dire:

"Devono pregare. Ti darò un esempio.

Nell'istante successivo, unì le mani e salutò con la mano. Poi la cameriera andò a riposarsi dai suoi lunghi lavori durante la giornata. Tuttavia, era soddisfatta dei risultati dei suoi sforzi.

Undicesima apparizione

15 settembre 1876

Sono stati cinque lunghi giorni in cui il veggente era a un ritiro spirituale interno. Conciliando lavoro e vita religiosa, la giovane donna si è sentita pienamente realizzata nei suoi propositi. Ma sembrava che ci fosse un blocco nella sua vita. Fu per questo che la Vergine gli apparve di nuovo.

Come sempre, ha avuto la visione in un momento di riflessione e preghiera nella sua stanza. Completamente illuminata, Maria mostrò alla serva un volto triste e preoccupato.

"Buonanotte, mia signora, quanto siete gentili a venire." Stavo pensando a tutti i fatti della mia vita. Ho concluso che ho vissuto una notte oscura perversa che mi perseguita fino a oggi - ha verificato Estela.

"Devi superarlo." È vero che ha commesso molti errori. Ma la sua lettera e i suoi rimpianti hanno reso possibile un miracolo. Ora sta a te continuare la tua vita con più ottimismo - ha detto Maria.

"Spero di riuscirci." E i fedeli nel paese? Chiese il servo.

"Non posso più fermare mio figlio." Ho già fatto tutti i miei sforzi a portata di mano", ha sottolineato l'Immacolata.

"Cosa succederà allora?" "È interessante notare che la cameriera."
"La Francia soffrirà", ha annunciato la bella donna.
"Che triste!" Ha osservato la giovane donna.
"Abbi coraggio e fiducia." Ha sostenuto l'apparizione.
"Se lo dicessi, forse nessuno mi crederà", pensò il sensitivo.
"Dico in anticipo, tanto peggio per coloro che non credono, riconosceranno più tardi la verità delle mie parole", ha annunciato Maria.

Detto questo, la madre di Dio è scomparsa lasciando la sua confidente ancora più sbalordita da quei fatti. È stato davvero un onore partecipare a questi momenti importanti. Continuerei quindi la missione.

Dodicesima apparizione
1° novembre 1876

Era il giorno di tutti i santi. Era passato molto tempo dall'ultima apparizione, il che rese il nostro caro amico un po' 'triste e annoiato. L'esperienza delle visioni è stata così intensa e bella che ha sempre voluto ripeterla ed è quello che è successo in questo giorno.

Apparendo in modo ordinario, con le braccia tese e con indosso lo scapolare, la madre di Dio si guardò intorno e guardò l'orizzonte con un sospiro. Poi fece un ampio sorriso, lanciando al servo uno sguardo di gentilezza. Poi è scomparso senza spiegazioni. Era abbastanza per riempire la giornata di felicità di quella dolce giovane donna.

Tredicesima apparizione
5 novembre 1876

Estela stava appena finendo di pregare il rosario quando vide la Beata Vergine.

"Oh, signora." Mi sento indegno della missione che mi hai proposto perché ci sono tante persone più qualificate di me per proclamare la tua gloria - pensò il servo.

"Io ti ho scelto. Ho scelto il dolce e il gentile per la mia gloria. Sii coraggioso, il tuo compito sta per iniziare - disse la bella signora sorridendo.

In seguito, la Beata Vergine incrociò le mani e scomparve nell'immensità della notte.

Quattordicesima apparizione
11 novembre 1876

Per alcuni giorni, questa speciale serva della Madonna si è impegnata ripetutamente in preghiere cercando ispirazione e aiuto dal cielo per risolvere i suoi dubbi più critici. A un certo punto, ha gridato la seguente frase:

"Ricordati di me, Santissima Vergine Maria.

Immediatamente, la bella signora è apparsa con un bel sorriso.

"Non hai perso tempo oggi, hai lavorato per me", ha detto.

"Vuoi dire lo Scapolare che ho fatto?" La ragazza ha chiesto.

"Sì. Il mio desiderio è che tu ne faccia molte", ha confermato Maria.

Un silenzio inquietante era sospeso tra i due. L'espressione della vergine cambiò improvvisamente da gioia a tristezza. Ha concluso consigliando:

"Coraggio!

Maneggiando lo scapolare e incrociando le mani, il suo spirito scomparve. Ora, il suo devoto amato sarebbe stato lasciato solo con i suoi doveri.

Ultima apparizione

8 dicembre 1876

Era passato quasi un mese da quando l'amata vergine era apparsa al suo devoto servitore. Questo fatto la rendeva angosciata e pensierosa. Continuava a pensarci durante la messa a cui partecipava. Al ritorno a casa e rimanendo nella privacy della sua stanza, apparve gloriosamente per quella che sarebbe stata l'ultima volta.

"Figlia mia, ti ricordi le mie parole?" Chiese la vergine.

All'improvviso, le parole più importanti della Vergine vennero alla ribalta soprattutto sulla devozione dello Scapolare e altri segreti.

"Sì, lo ricordo perfettamente, madre mia," confermò la domestica.

"Ripeti quelle parole molte volte. Ti aiuteranno durante le tue prove e tribolazioni. Non mi vedrai più", disse Maria.

"Che ne sarà di me, santissima madre?" "Il devoto era disperato.

"Sarò con te, ma invisibile," la confortò.

"Ho visto file di persone che mi spingevano contro e mi minacciavano, mi ha fatto pietrificare", ha detto Estela.

"Non devi aver paura di loro, ho scelto te per annunciare la mia gloria e per diffondere questa devozione", ha detto la Madonna.

Maria teneva lo scapolare tra le mani. L'immagine era così incoraggiante che il domestico ebbe un'idea.

"Mia amata madre, potresti per favore darmi questo scapolare?"

"Vieni a baciarlo," acconsentì Maria.

Avvicinandosi, la cameriera ebbe il piacere di toccare e baciare la sacra reliquia che divenne il momento più importante della sua vita. La conversazione è continuata.

"Tu stesso, vai da Prelaat e presentagli il modello che hai realizzato e digli che se ti aiuta, mi fa piacere più che vederlo usare i miei figli mentre si allontanano da tutto ciò che insulta il mio popolo, mentre mio figlio riceve il sacramento del suo amore e fa tutto il possibile per riparare il danno che è già stato fatto. Vedi le grazie che devo elargire a tutti coloro che usano per avere fiducia in me e allo stesso tempo diffondere questa devozione - ha parlato Maria.

Allungando le mani, la santa fece cadere un'abbondante pioggia. Ha continuato:

"Le grazie che mio figlio ti concede sono: Salute, fiducia, rispetto, amore, santità e tutte le altre grazie che esistono. Mi rifiuta qualsiasi cosa.

"Mamma, cosa devo mettere dall'altra parte dello scapolare?"

"Ho quel lato riservato per me", rispose la madre di Gesù.

Il tono era un addio. Una tristezza inondò l'ambiente sapendo che quello era l'ultimo contatto sulla terra tra i due.

"Coraggio, se non fa quello che vuole, vai più in alto." Non avere paura. Ti aiuterò ", raccomandò Maria.

Mentre passeggiava per la stanza, il suo spirito volò e scomparve attraverso le fessure della stanza. Questa sequenza di apparizioni era terminata. Benedetta sia nostra madre!

Nostra Signora di Knock

Irlanda

21 agosto 1879

Knock era un piccolo villaggio con una decina di case. L'apparizione è avvenuta in una notte gelida e tempestosa: esattamente sulla parete di fondo della cappella sono apparse tre splendide persone e un altare. Duecento persone erano sulla scena ora e potevano testimoniare che Maria, Giuseppe e S. C'era Giovanni Evangelista. Le visioni furono ripetute in altre occasioni e per il verificarsi di miracoli legati al fatto, furono date per scontate dalla Chiesa cattolica.

Presenze in Cina

Nostra Signora di Dong-Lu

1900

La Cina è sempre stata una fase di resistenza all'espansione del cristianesimo. Tuttavia, la Madonna cerca sempre la conversione dei suoi figli. Un evento miracoloso ha avuto luogo nel giugno 1900. A quel tempo, i persecutori cristiani circondavano la città natale di Dong Lu sul punto di sterminare i resistenti. Fu allora che l'Immacolata apparve circondata dagli angeli. Questo era sufficiente per terrorizzare gli avversari e farli correre in fuga.

Salvati dal pericolo, i residenti costruirono un tempio in onore di Maria per ringraziarli. Successivamente, il santuario è stato riconosciuto come centro ufficiale di pellegrinaggio, è stata data una festa in onore della Madonna e, infine, la consacrazione del paese al seno della Vergine Madre.

Il regime comunista cinese è stato il principale antagonista per la crescita del cristianesimo nella regione. Sentendosi minacciato, il suddetto governo raccolse una truppa di cinquemila soldati oltre a dozzine di auto blindate ed elicotteri che attaccavano il santuario mariano. L'azione ha portato alla confisca della statua della Vergine Maria e all'arresto di molti sacerdoti.

Considerato come una religione illegale, il cristianesimo è continuamente perseguitato in Cina. I cristiani della regione tendono a esercitare la religiosità in modo segreto per evitare ritorsioni. Tuttavia, molti di loro sono scomparsi o sono stati arrestati. È la vera battaglia del bene contro il male.

Una cosa che ha rattristato il popolo cattolico del mondo è stata quando i comunisti hanno distrutto la chiesa di Dong-Lu durante le Olimpiadi di Pechino. Tuttavia, l'immagine di Nostra Signora della Cina è rimasta intatta poiché non è stata trovata dagli anticristiani.

La Madonna è anche regina della Cina. Anche se Satana continuerà la sua persecuzione, i cattolici non mancheranno in quello che è il paese più popoloso del mondo. Prova di ciò sono le innumerevoli apparizioni riportate a Dong-Lu. Preghiamo per tutti i nostri fratelli e sorelle cinesi di fede.

Nostra Signora di Qing Yang
1900

C'era una contadina di questa regione che era molto malata. È andata da tutti i dottori che conosceva. Tuttavia, nessun trattamento raccomandato ha avuto alcun effetto.

Una volta, mentre camminava in campagna, apparve per strada una bella signora che indossava un lungo abito bianco e una fascia blu.

"Raccogli l'erba da questa zona. Prepara il tè e bevi. Prometto la tua cura presto."

"Va bene, signora." Farò come mi chiedi.

La contadina obbedì all'ordine impartito raccogliendo erbe da lì. Al ritorno a casa, ha bevuto il tè. Come promesso, è migliorato in breve tempo. Ha scoperto di chi era la bella apparizione solo quando ha visto la stessa immagine ritratta nella casa di un cattolico. In questo la notizia si è diffusa in tutta la regione e in tutto il Paese.

A causa delle circostanze, la diocesi rilevò l'acquisto del terreno su cui era apparso il santo, costruendo in sequenza una cappella e successivamente una chiesa. Nel tempo, il pellegrinaggio al luogo non fece che aumentare e consolidarsi come uno dei templi mariani più importanti del mondo.

Nostra Signora di Sheshan
Shanghai-Cina-1900

Shanghai si trova sulla costa orientale della Cina. Grazie alla sua posizione strategica, vicino alla valle del fiume Yangzi, divenne la porta di accesso per i missionari cattolici con l'obiettivo di evangelizzare la Cina. Non appena si stabilirono nel paese, costruirono un santuario dedicato a Nostra Signora di Sheshan a ovest della città. Accanto a essa, fu costruita anche una casa di ritiro per ospitare i gesuiti in pensione.

La grande conquista della Madonna nella regione è stata quella di salvare la diocesi dall'attacco promosso dalla ribellione. Come ringraziamento, i cristiani locali hanno eretto una basilica in onore della madre di Dio, rendendola la protettrice speciale della diocesi di Shanghai.

Con lo svolgimento della prima conferenza episcopale, l'immagine di Shanghai è stata adottata come Nostra Signora Regina della Cina. A causa della Rivoluzione Culturale, l'immagine originale della Madonna è stata distrutta e un'altra immagine è stata sostituita nell'aprile 2000. Una copia di questa statua è stata data a Papa Benedetto XVI e denominata "Nostra Signora di Sheshan". Questo è uno dei centri mariani più importanti del Paese dove il santo schiaccia veramente la testa del serpente, rappresentando la vittoria del bene sul male.

FINE

www.ingramcontent.com/pod-product-compliance
Lightning Source LLC
LaVergne TN
LVHW020447080526
838202LV00055B/5369